AF581354

LETTRE D'ALCIBIADE A GLICERE, BOUQUETIERE D'ATHÉNES, SUIVIE D'UNE LETTRE DE VENUS A PÂRIS, ET D'UNE EPITRE A LA MAITRESSE QUE J'AURAI.

A GENEVE,

ET A PARIS,

Chez SÉBASTIEN JORRY, Imprimeur-Libraire, rue & vis-à-vis la Comédie Françoise, au Grand Monarque & aux Cigognes.

M. DCC. LXIV.

ALCIBIADE, A GLICERE.

TOI, dont le tein est plus frais que tes fleurs,
Toi que l'Amour nomma sa Bouquetière,
Qui, près du Temple embelli pour sa Mère,
Vends tes bouquets & voles tous les cœurs,
Console-moi, mon aimable Glicère.
Loin du bosquet où tu comblas mes vœux,
Où le plaisir te fit ma souveraine,
J'habite, hélas ! des Palais fastueux ;

Je ſuis l'Amant d'une ſuperbe Reine ;
Glicère, hélas ! je ſuis bien malheureux !
Ah ! que le Trône, ah ! que ſon étalage
Nuit aux deſirs, effarouche l'Amour !
Sur les carreaux je m'endors à la Cour ;
Comme avec toi je veillois au village.
L'ombre d'un hêtre, un aſyle écarté,
Une Bergère, au printemps de ſon âge ;
Pour un Amant ainſi que pour un Sage ;
Sont plus qu'un Trône & qu'une Majeſté.
Vénus jamais ne porte un Diadême :
Comme le tien ſon front eſt ceint de fleurs :
La beauté ſeule eſt ſon pouvoir ſuprême,
Et ſes Palais des berceaux enchanteurs.
Quand ſous leur voute Adonis en ſilence
Etoit conduit par la main du deſir,
Venus alors oubliant ſa puiſſance,
Etoit mortelle en faveur du plaiſir.
Vénus ſouvent deſcendoit ſur la terre :

Son fils lui ſeul étoit ſon confident :
Pour ſon Amant Vénus étoit Bergère,
Ne pouvant faire un Dieu de ſon Amant.
Mais le moyen, (pardonnez, grande Reine,)
D'être amoureux avec tant d'apparat ?
L'Amour heureux que révolte une chaîne,
S'il eſt trop vu, n'eſt jamais délicat.
Qu'auprès de vous retenu par lui-même,
Libre toujours, il ſoit toujours conſtant :
On a chez vous une charge d'Amant ;
Ah ! comment donc voulez-vous qu'on vous aime ?
N'ayez donc plus de premier Ecuyer
Qui, chaque ſoir, vienne me réveiller,
En me diſant, d'une voix bien hautaine,
Allons, Seigneur, c'eſt aſſez ſommeiller ;
Allons, Seigneur, venez... aimer la Reine.
Tenez, Madame, afin d'en mieux jouir,
Ne réglez plus les inſtans du plaiſir.
L'occaſion, le caprice eſt ſon guide ;

Comme l'Amour il aime à voltiger :
Que le hazard toujours lui ſeul décide
Le vrai moment, & l'heure du Berger.
Que ſans éclat, ſans importune eſcorte,
En tâtonnant, ſurtout ſans Ecuyer,
J'entre, pieds nuds, par un autre eſcalier
Dont vous m'aurez vous-même ouvert la porte :
Que ſouvent même & ſans aide & ſans bruit,
Prenant alors, dans l'ombre de la nuit,
Un pet-en-l'air pour tunique Royale,
Sa Majeſté ſe faiſant mon égale
Vienne trouver ſon Amant dans ſon lit.
Reſpectant moins, j'aimerai davantage :
Pour vos attraits j'oublirai tous vos droits ;
Et vous verrez, Reine, que quelquefois
Un froid reſpect vaut bien moins qu'un outrage.
Mais pour l'Amour ouvrir les deux battans,
Le promener, ſuivi d'une brigade,
Sous les lambris de vingt appartemens :

Le recevoir ſur un lit de parade ?
Beau lit d'honneur, faſtueux ornement,
Superbe dais, magnifique retraite,
Où l'on s'endort, où l'on donne en bâillant
A ſa grandeur un baiſer d'étiquette !....
C'eſt un enfant que le Dieu de Paphos ;
Il veut voler ſans eſclave & ſans maître :
Il veut ſouvent entrer par la fenêtre ;
Quelquefois même il y veut des barreaux :
Le bruit l'effraye, & le fait diſparoître ;
L'obſtacle ſeul irrite ſes deſirs ;
Pour le détruire il ſçait le faire naître :
S'il eſt tranquille, il n'a plus de plaiſirs....

C'eſt chez toi ſeule, ô ma belle Glicère,
Que cet Enfant prodigue le bonheur :
Tu ſçais tromper ; mais auſſi tu ſçais plaire :
Il faut tromper dans l'amoureux myſtère,
Puiſque l'Amour eſt lui-même un trompeur.

Que tu lui dois, friponne, de guirlandes,
Pour tous les biens dont il sçut te parer!
Et ce n'est pas toujours par les offrandes
De tes bouquets, que tu dois l'honorer.
Il te doüa, pour soutenir sa gloire,
De deux grands yeux tant soit peu libertins:
Il t'eût fait tort de plus d'une victoire,
S'il t'en avoit donné de moins coquins:
Il te fit *belle*, & qui plus est, jolie:
Il prit plaisir à former les contours
De ce beau sein que tu caches toujours,
Pour qu'à le voir toujours on s'étudie.
N'oubliant rien, il t'apprit à rougir,
Même à pleurer; il unit dans Glicère,
Pour tout charmer, pour tout assujettir,
L'air de Laïs aux traits d'une Bergère:
Glicère à tout pour donner du plaisir....
Le souvenir de tes seules caresses
Fait plus sur moi que la réalité

Des grands baiſers, des royales tendreſſes
Dont m'ennuira dans peu Sa Majeſté.
Hélas! ici la pourpre m'environne;
Je ſuis chargé de dorure & d'ennuis:
De beaux œillets par toi-même cueillis
Formoient chez toi mon dais & ma couronne.
Nous n'avions point de ſuperbes habits:
Le goût faiſoit notre magnificence;
Mais nous avions, Glicère, en récompenſe,
De bien beaux jours, & de plus belles nuits.
L'Amour jamais n'éxigea de parure;
Jamais l'Amour ne conſulte un miroir:
Ses blonds cheveux flottent à l'avanture:
L'or n'eſt point fait pour meubler un boudoir.
Je n'aime point ce ſuperbe étalage,
Tous ces rézeaux, ennemis du deſir;
Toujours armés contre la main volage
Qui veut errer dans le champ du plaiſir;
La volupté s'en indigne & murmure.

Chez toi, Glicère, on craint peu ce destin;
On n'y reçoit jamais d'égratignure
Que de la rose éparse dans ton sein;
Mais que l'on doit chérir cette piquure
Lorsque ta bouche au sourire enfantin
Vient elle-même essuyer la blessure.
Ces longs repas que l'on nomme festins,
Où près de vous l'ennui se met à table,
Valent-ils donc ces soupers clandestins,
Où le plaisir sçait toujours rendre aimable,
Où la douceur de tromper un jaloux,
Un vieux Midas, ajoute à notre joie;
Où sans projet le rire se déploie;
Où sans juger les Sages ni les Fous,
Nous oublions tout l'Univers pour nous;
Où l'appétit, qui naît du plaisir même,
De tous les plats se fait le Cuisinier;
Où libertin & gourmand par systême,
L'on mange bien & l'on s'aime de même;

Où l'on eſt deux ſans crainte de bâiller ?
Et que me font toutes ces caſſolettes,
Tous ces parfums, tous ces vaſes brillans,
Ces dais couverts de cent mille paillettes,
Où l'on reſpire un inſipide encens ?
J'aime bien mieux cette ſimple corbeille,
Où, le matin, quand le timide oiſeau
Vient t'annoncer que l'Aurore s'éveille,
Ta main confond le lys & le barbeau ;
Ce beau panier que la roſe couronne,
Qui dans tes mains de l'Amour eſt le trône,
Et qui jadis lui ſervit de berceau....
Mais, dis-moi donc, que ſervent à la Reine,
Tous ces trumeaux qu'elle a fait diſpoſer,
Près d'un Sopha qui donne la migraine ?
Je te promets qu'elle eût pû s'en paſſer :
Eſt-ce, dis-moi, redoutant le murmure
Et l'œil perçant de la malignité,
Pour rétablir l'ordre de ſa parure ?

De quoi s'occupe, hélas! Sa Majesté?
Je sçais prévoir cette triste avanture:
Presque jamais son rouge n'est ôté.
Rappelle-toi, ma Glicère, cette onde,
Où réparant les larcins du plaisir,
Tu ratachois ta tresse vagabonde,
Que détachoit aussitôt le desir.
Te souvient-il de ce jour, ma Glicère?
(Ce jour étoit la fête de l'Amour:)
Pour le fêter abandonnant la Cour,
Nous fumes seuls vers ce bois solitaire,
Que tu sçais bien qu'à la Cour il préfére.
Ah le beau jour! combien j'étois heureux!
Tout me sembloit d'un fortuné présage:
Si je levois mes regards vers les Cieux,
Je découvrois un azur sans nuage;
Dans les forêts les oiseaux chantoient mieux.
Bien plus matin, la complaisante Aurore
Me paroissoit, en faveur des Amours,

Verser ses pleurs sur les parfums de Flore,
Et pour nous deux avoir changé son cours.
Du frais Zéphir l'haleine étoit plus pure ;
Un air plus doux rajeunissoit les champs :
Tout renaissoit ; l'aspect de deux Amans
Avoit sans doute embelli la Nature.
Yvre d'amour, le desir dans les yeux,
J'entre avec toi dans cette grotte sombre,
Que vingt palmiers défendent par leur ombre
Des feux du jour comme des envieux.
Dans tous les temps, un lit de fleurs nouvelles
Y tend un piége à la foible Beauté :
L'Amour jura, que jamais de Cruelles,
Aucun Mari, pas une Majesté,
Ces froids tyrans du Plaisir & des Belles,
N'habiteroient ce séjour enchanté.
C'est là, Glicère, ô ma belle Maîtresse,
Qu'enfin j'obtins cet amoureux baiser,
Qu'apparemment, pour doubler mon ivresse,

Pendant deux jours, tu ſçus me refuſer.
Connois-tu bien la grande différence,
Qu'entre Glicère & nos femmes de Cour,
Pour décider toujours la préférence
En ta faveur, a ſçu mettre l'Amour ?
Tiens, la voici : toujours vive & coquette,
Tu vas donnant des baiſers, des faveurs ;
Nous t'adorons, nous nous croyons vainqueurs ;
Mais un caprice ; & ſoudain la retraite
Eſt notre lot ; tu te ris de nos pleurs :
Un doux regard précéde tes rigueurs ;
Et leurs rigueurs annoncent leur défaite.
Mais le caprice en te parlant pour moi,
Fit mon bonheur ; (puis-je dire le nôtre ?)
Tu me ſçavois plus ſcélérat qu'un autre :
Ce titre eſt bien quelque choſe pour toi.
Je fus heureux, j'étois digne de l'être ;
Je t'adorois, je t'aimois, je brûlois :
Sur ton beau ſein je mourois pour renaître ;

Et pour mourir toujours je renaissois.
Bien différente, en ceci, d'une Reine,
Qui veut toujours qu'on fasse tous les frais;
Pour le plaisir tu partageois la peine,
Et par la peine au plaisir tu gagnois.
Dieux! Quels momens! Je vois ta belle bouche,
Belle toujours, surtout quand on y touche;
Je vois tes yeux embellis par ces pleurs,
Que le plaisir, tu le sçais, fait répandre,
Nuages doux, amoureuses vapeurs,
Dans tes beaux yeux mêlés d'un feu si tendre:
J'entends encor ces soupirs enchanteurs;
Et ces baisers que mes lévres errantes
Venoient chercher sur tes lévres brûlantes:
Où le plaisir confondoit nos deux cœurs:
Ces-demi mots du desir qui s'éveille
Ces sons touchans soudain interrompus,
Plus éloquens pour être suspendus,
Viennent toujours caresser mon oreille!....

Je viens de rire, & je vais m'ennuyer :
Ah ! c'en eſt fait ; la force m'abandonne :
J'entends déja le maudit Ecuyer.
Adieu, Glicère, adieu ; je vais bâiller
Bien tendrement ſur les degrés du Trône.
Vole par jour vingt mille libertés :
Fais-moi par jour vingt infidélités,
Cent, ſi tu peux ; va, je te le pardonne.
Dupe les vieux, & ruine les ſots ;
Conſerve bien ta friponne de mine :
Garde-toi bien de perdre tes défauts :
Sois toujours belle & ſurtout bien coquine.

Lettre de Venus à Pâris.
= Epître à la maîtresse que
j'aurai — — transposition

www.ingramcontent.com/pod-product-compliance
Lightning Source LLC
LaVergne TN
LVHW050513160826
845677LV00003B/1111

* 9 7 8 2 3 2 9 6 1 9 2 0 0 *